AF337958

LES TRIBULATIONS

D'UN

COLON ALGÉRIEN

LES TRIBULATIONS

D'UN

COLON ALGÉRIEN

LETTRE A Me CHAPUIS

DÉFENSEUR A BÔNE

Par H. PELLETIER

MEUNIER ET PROPRIÉTAIRE A DBÎDIB, PRÈS DUVIVIER

ARRONDISSEMENT DE BÔNE (ALGÉRIE).

> (Pour que l'Algérie résiste aux traitements de ses médecins, il faut qu'elle ait l'âme chevillée dans le corps.)

BONE

TYPOGRAPHIE A. CARLE

Rue Rovigo.

Décembre 1869.

A Mᵉ CHAPUIS

DÉFENSEUR A BÔNE.

Cher Maître,

Constitué pour mon adversaire, le caïd Taïeb ben Zerguin, vous avez présenté ses moyens de défense à l'audience de mardi dernier. A ma demande en dommages-intérêts fondée sur ce que le caïd ben Zerguin a usé de son influence et de son action sur les indigènes de son commandement pour les empêcher d'apporter leurs grains à mon moulin, de cultiver sur mes terres, etc., vous avez opposé des dénégations ; cela devait être.

Vous avez ensuite articulé des faits dont il me sera facile de démontrer l'inexactitude, mais que vous avez lieu, j'aime à le croire, de tenir pour vrais ; rien de mieux, c'est de la défense.

Mais, dans votre plaidoierie a trouvé place cette allégation, au moins hardie, que ma demande en dommages-intérêts n'était que le résultat d'une *machination, un traquenard tendu à votre client pour remédier au mauvais état de mes affaires.* Si telles n'ont pas été vos propres expressions, que je crois pourtant reproduire fidèlement, assurément tel en a été le sens.

En présence du retentissement que la crédulité ou la malveillance ont donné à ce propos publiquement articulé par un défenseur, je ne saurais garder le silence.

Avec vous, cher maître, je n'oserais pas discuter si cette allégation peut être réputée une diffamation, par la raison qu'elle me parait comporter bel et bien « l'imputation d'un fait qui » porte atteinte à l'honneur ou à la considération » de la personne à laquelle le fait est imputé. » — C'est ainsi que la loi définit la diffamation. — Mais, je n'hésite pas à déclarer que le propos est prématuré. C'est une supposition gratuite et blessante. Personne ne l'admettra comme moyen de défense autorisé, tant que ne sera pas intervenu un document, une preuve pouvant l'accréditer. En l'état, au début de l'instance, ce n'est ni plus ni moins qu'un propos téméraire. Auriez-vous tenté, en l'émettant, de jeter sur ma cause un vernis défavorable pour toute la durée du litige ; et seriez-vous de ceux qui pratiquent cette maxime : « Calomniez, il en reste toujours quelque chose » ? — Quand on a du talent, et quand on croit soutenir une bonne cause, on ne recourt pas à ces sortes de pratiques, dont le succès toujours éphémère finit par déceler un orateur au dépourvu.

De plus, cher maitre, il m'a semblé qu'en cette occasion vous avez dépassé les bornes d'une loyale et légitime défense, bornes auxquelles tout avocat est astreint par les exigences mêmes de son serment professionnel. Il n'appartient pas à moi, chétif et meunier, de disserter avec vous sur les devoirs de l'avocat, sur les limites d'une juste défense, et sur la portée du serment professionnel, voire même du *juramentum calumniæ*, mais vous ne refuserez pas de m'entendre quand j'emprunterai le langage de l'éminent rédacteur de la *Jurisprudence générale*, dont vous ne contesterez pas l'autorité.

« C'est un devoir pour l'avocat de se garder
» avec soin de l'injure et de la diffamation vis-à-
» vis de la partie adverse ou de ses représen-
» tants. Sous ce rapport, le décret de 1810 con-
» tenait des dispositions que l'ordonnance de 1822
» n'a pas jugé à propos de reproduire. Il prescri-
» vait aux avocats de s'abstenir de toute suppo-
» sition dans les faits, de toute surprise dans les
» citations, même de tous discours inutiles. Il
» leur défendait de se livrer à des injures, à des
» personnalités offensantes envers les parties ou
» leurs défenseurs, d'avancer aucun fait grave

» contre l'honneur et la réputation des parties,
» à moins que la nécessité ne l'exigeât, et qu'ils
» n'en eussent charge expresse et par écrit de
» leurs clients. Ces dispositions, dont on trouve
» déjà le principe dans les établissements de
» Saint-Louis, quoique effacés des règlements,
» doivent encore servir de règle. » (DALLOZ, V°,
avocat, n° 356.)

Je vous laisse le soin, cher maître, d'apprécier
si vous vous êtes conformé, en tous points, à l'esprit de ces sages conseils.

Il vous était réservé de me faire marcher de
surprises en surprises dans ce court espace de
plaidoieries sommaires. Durant l'exposé présenté
par Mᵉ Dubarbier, mon avocat, vous n'aviez ni le
calme, ni la sérénité qui, d'ordinaire, sont l'apa-
nage du bon droit. Vous avez accueilli chaque ar-
gument de mon défenseur, de murmures
bruyants, de *bougonnades* et de soubresauts in-
quiétants pour votre banc et vos voisins. Une attitude aussi étrange m'avait péniblement affecté ;
mais un de vos collègues, homme très-spirituel,
m'a rasséréné d'un seul mot : « N'y faites pas at-
» tention, m'a-t-il dit ; chez lui, c'est un tic. »

Je n'ai pas été inspiré par ces seules considéra-
tions, quand j'ai pris le parti de vous écrire. En
livrant ces pages à l'impression, j'ai eu surtout à
cœur de dissiper le fâcheux effet d'insinuations
qui auraient pu trouver créance auprès des per-
sonnes qui ne connaissaient pas les faits anté-

rieurs à l'instance. Publique a été votre attaque, publique devait être ma disculpation. *Les tribulations d'un colon* mettront le public à même d'apprécier à l'avenir la valeur de vos moyens, et de suivre les débats d'une cause qui préoccupe déjà un certain nombre de colons et industriels algériens, parce qu'il s'y rattache une question d'intérêt général. Chacun pressent qu'une lutte entre un Français établi sur les confins du territoire arabe, d'une part, et un caïd soutenu par le commandement militaire, d'autre part, est la déduction de ce vaste système, si souvent dénoncé, qui consiste à refouler l'élément européen vers le littoral, à isoler la nationalité arabe, en perpétuant le régime turc et en paralysant la colonisation.

Sous le ministère de l'Algérie, l'administration voulut établir un village sur des terres *azel* dépendant des Nbails-Nadhor et situées rive droite de la Seybouse et rives gauches de l'Oued-Melah et du Boussorah, c'est-à-dire aux *confins nord du caïdat de Ben-Zerguin*. Ce projet ayant bientôt été abandonné, l'emplacement fut fractionné en lots de cinquante et cent hectares pour former ce qu'on appelait alors « la grande propriété. » Des titres de concession furent délivrés. A madame Jausselin, ma belle-mère, échut un lot de quarante-neuf hectares qui forma le noyau de ma propriété actuelle, et en 1863 le Domaine mit aux enchères publiques les lots qui n'avaient pas été concédés cinq ans auparavant.

Le caïd Ben-Zerguin ne vit pas d'un œil indifférent la distraction d'une parcelle de son caïdat au profit de la colonisation ; et autant pour la rendre à l'Islam, que pour empêcher l'établissement d'Européens à sa frontière, il acheta, en 1866, les grands lots concédés à MM. Chenier-Ducharpreau, Du Vinoux, Roux et Seignette. A l'exception de la propriété Dubourg qu'il a marchandée, de la mienne et de quelques petits lots invendus, tout ce canton voué originairement à la colonisation lui appartient.

Il y a environ sept ans, l'administration tenta de fonder un village à l'Oued-Halia, *confins ouest du caïdat de Ben-Zerguin*. Elle délivra des titres de propriété à une vingtaine de concessionnaires. L'administration propose, mais Ben-Zerguin, qui n'aime pas le voisinage du *roumi,* dispose. Depuis quatre ans, il a acheté tous les titres de concession, soit directement, soit par l'intermédiaire de tiers, pour n'en paraître acquéreur qu'en second. En sorte que les vingt ou vingt-cinq lots affectés à la création projetée du village de l'Oued-Halia sont aujourd'hui sa propriété.

De tous les acquéreurs de terres aux abords des Nbails-Nadhor, soit par voie de concessions, soit par voie d'enchères, seul j'eus le mauvais goût de prendre ma tâche au sérieux et de fixer ma famille au sol. Aussi n'ai-je jamais eu que des déboires. C'est ma faute, je le confesse, je ne fais rien comme les autres.

Ce préliminaire, qui pourrait paraître étranger à mon récit, n'est pas sans utilité pour l'intelligence de ce qui va suivre. D'après ces données, on reconnaîtra facilement dans les agissements du caïd, en ce qui me concerne, l'application, la suite logique de ses tendances à refouler tout voisinage incommode, et à isoler ses administrés du contact des Europécns.

Dorénavant, je vais laisser parler des documents et correspondances versés au procès. Je serai sobre de réflexions. Les extraits seront transcrits littéralement, au risque de reproduire des incorrections, espérant bien, cher maître, que vous serez plus généreux envers le publiciste que vous ne l'avez été à l'égard du plaideur.

J'habite les environs de Duvivier (1), arrondissement de Bône; ma propriété dépend en partie du territoire civil, en partie du territoire militaire, fraction des Nbaïls-Nadhor. En 1863, j'ai acheté aux enchères publiques environ cent hectares de terres azels pour agrandir ma propriété dite de Dbîdib. J'ai bâti une maison d'habitation couvrant plus de deux cents mètres carrés. A l'autre bout de ma propriété, près de mon parc à bestiaux, j'ai construit, au commencement de 1868, pour la mouture arabe et pour faire une huilerie, un moulin à vapeur de la force de six chevaux qui, à tous égards, est dans les meilleures conditions de rendemeut. J'ai fait greffer 6,000 oliviers ; chaque année, tout en faisant ma provision de bois pour le chauffage de ma machine, j'en prépare et greffe 1,500

(1) Extrait de mon Mémoire adressé au Maréchal Gouverneur le 30 sept. 1869.

autres pieds. Mes dépenses à ce jour ont dépassé soixante mille francs. Tout mon avoir est là.

En fondant un établissement de cette importance, dans des conditions si hardies, j'étais encouragé par seize années de bonnes relations avec Si Taïeb ben Zerguin, que j'avais connu à Guelma dès 1852. Nous n'avions cessé d'échanger des services réciproques, et j'avais lieu de compter sur un bon voisinage. Mais tout à coup son attitude changea. Il venait d'acheter tout autour de ma terre les terrains autrefois concédés à MM. Seignette, Roux, Du Vinoux et Ducharpreau. Ma propriété, sise au milieu de ses acquisitions, le gênait comme un enclave empêchant le libre parcours de ses bestiaux. Il résolut dés lors de faire disparaître l'obstacle. — Deux partis se présentaient pour arriver à ses fins : le premier, qu'il ne tenta même pas, consistait à traiter de gré à gré avec moi de l'acquisition de ma propriété, étant donné que j'eusse consenti à vendre.

Mais les constructions, les cultures d'oliviers, l'établissement de mon usine lui firent pressentir avec raison qu'il faudrait aborder un prix en complète disproportion avec celui de ses précédentes acquisitions. Le second parti, moins coûteux, consistait à manœuvrer de manière à amener ma ruine et par suite la vente de mes biens par voie d'expropriation. Pour lui, c'était chose facile : il n'avait qu'à user de son influence de caïd sur ses administrés. Mon usine, placée dans les Nbaïls-Nadhor, étant alimentée en grande partie par les Arabes relevant de son commandement, il n'avait qu'un geste à faire, un mot à dire, et ma clientèle disparaissait..... Ce calcul flatta ses instincts ; c'est le parti qu'il adopta.

Dès lors, défense fut faite aux Nbaïls, aux Ouled-d'Han et aux autres tribus de son ressort d'avoir aucune relation avec moi, de cultiver sur mes terres, de garder mes bestiaux, et surtout de faire moudre à mon moulin. Les terres m'environnant, celles du territoire *arch*, comme celles même du caïd, furent évacuées. Les Arabes qui les occupaient depuis des temps immémoriaux furent relégués au-delà de la Seybouse. Je demeurai à l'état d'ilote, comme un autre Robinson, en plein continent.

Malgré mes bons procédés envers les indigènes qui, je le voyais bien, s'apitoyaient discrètement sur mon sort, et qui ne m'ont dérobé ni un bœuf, ni un outil (je le dis pour preuve de mes bons rapports); j'en étais réduit à n'avoir chez moi, en fait d'indigènes, qu'un levantin et un Kabyle. Le vide se faisait autour de moi comme autour d'un pestiféré en quarantaine.

Les machinations de Ben-Zerguin furent empreintes d'un caractère de perfidie et de duplicité inénarrable. En même temps qu'il tramait ma chûte et la ruine de mes enfants, sa physionomie réflétait les sentiments de l'amitié. Il ne manquait aucune occasion de protester de sa sympathie et de son sincère désir de me voir réussir. Pour me donner le change et mieux cacher ses menées, il amena un jour chez moi ses filles et d'autres parents désireux de voir fonctionner ma locomobile et mes tournants.

Cependant le chômage de l'usine continuait dans des proportions désespérantes que ne justifiaient pas à mes yeux les explications banales que me donnait le rusé caïd. L'absence de cultures, par suite du refus de venir sur ma propriété, refus opposé à contre-cœur par des Arabes qui l'habitaient depuis de nombreuses années; mille autres indices qui, isolés, étaient sans importance, mais qui, groupés, revêtaient les caractères de la preuve, certains propos échappés aux Arabes, mais aussitôt rétractés; tous ces indices, dis-je, avaient fini par établir chez moi la conviction que j'étais victime de manœuvres. Mais que faire? La preuve me manquait.

Tout en continuant d'user de bons procédés envers mon voisin, je me déterminai à appeler l'attention de M. le commandant supérieur du cercle sur ma situation. Je passerai sous silence mes entretiens et ma correspondance avec M. le lieutenant-colonel Flogny.....

Entre temps, le commandant supérieur de Guelma venait d'être changé : à M. Flogny succédait M. le chef de bataillon Ritter. Encouragé par une réputation de droiture et de facile accès que ce dernier s'était acquise dès son installation à Guelma, je me décidai à de nouvelles démarches. J'eus l'honneur d'être reçu deux fois, et je fis tous mes efforts pour attirer son intérêt sur une usine qui pouvait être considérée, au point de vue indigène, comme un établissement d'utilité générale, et aussi pour lui faire partager mes convictions sur les menées de mon puissant voisin. Malgré quelques différences de vues, je me retirai satisfait. Les bonnes dispositions du nouveau commandant supérieur me paraissaient assurées. Et si je parvenais à mettre la main sur la preuve de mes allégations, preuve difficile à recueillir, il est vrai, j'étais sauvé. M. Ritter ne m'avait-il pas dit en accentuant ses paroles : « Si les griefs que vous articulez sont établis, je » n'attendrai pas les ordres des généraux mes supérieurs,... » je frapperai, je briserai, sans répit ni merci... »

— A la bonne heure, me dis-je en me retirant, voilà de la sollicitude pour les colons, voilà de la fermeté !

Je me mis de nouveau à guetter cette preuve si précieuse à laquelle se rattachaient pour moi tant d'intérêts. Une circonstance irritante activait mes investigations : tout le monde à Guelma, amis et ennemis, avaient connaissance des manœuvres qui m'étreignaient ; c'était l'objet des commentaires de la malveillance, et mes amis, et même des indifférents, m'en faisaient part. Un propos tenu par un officier bien informé ne permettait pas le doute sur la réalité des embûches qui m'étaient tendues. De ma vie je n'avais si bien compris les tortures de Georges Dandin sûr des infidélités de sa femme, mais ne pouvant les prouver à ses nobles parents.

A cette période de mes tribulations surgit un incident aussi heureux qu'imprévu. Les N'baïls et les Ouled-d'Han, principales tribus du commandement de Ben-Zerguin, fatigués d'être *mangés par leur caïd*, suivant leur propre expression, secouèrent la peur qui les avait jusqu'alors dominé, et portèrent plainte contre lui (1). Grâce à ce réveil, les langues se

(1) Les principaux d'entre les N'baïls et les Ouled-d'Han avaient été envoyés à Guelma par le caïd lui-même pour faire, en masse, opposition dans l'enquête ouverte à cet effet, à la demande en exploitation de la mine de zinc du Hammam-N'baïls, formée par la société de la Vieille-Montagne. Ici Ben-Zerguin a été conséquent avec son système de refoulement. C'est à l'occasion de leur réunion pour la manifestation en question que les indigènes commencèrent à formuler leurs plaintes.

délièrent, et de tous côtés, quoique timidement encore, me furent révélées les causes du chômage et de l'interdit où végétait mon usine. La concordance des communications me garantit leur sincérité ; mais sachant, par une expérience de vingt-cinq ans de séjour en Algérie, combien l'élément arabe est versatile, je ne voulus pas m'engager dans la voie de l'accusation sans en bien asseoir les bases. Mon premier soin fut de m'assurer que les témoignages ne varieraient pas ou même ne me feraient pas défaut à un moment donné. Dans ce but, je leur exprimai le désir de les entendre en leur faisant bien préciser leurs dires. Rendez-vous fut pris chez moi. Mais la peur les dominait encore assez pour qu'ils ne s'y rendissent que de nuit et au nombre de huit. Ne se considérant pas en nombre, ils ne voulurent pas parler et ajournèrent leurs aveux au vendredi suivant, jour du marché de Mjez-Sfa, où ils promirent de se rendre. C'était le 30 juillet dernier. Réunis au nombre de vingt-huit, tous kébirs de douars ou personnages importants, je les questionnai individuellement, assisté d'un excellent interprète, et je reçus la déclaration suivante presque sans variante.

« Un jour que nous, kébirs, étions réunis à son bordj, le
» caïd Ben-Zerguin nous a prescrit de défendre qu'on labou-
» rât chez M. Pelletier, qu'on gardât ses bestiaux et surtout
» qu'on allât à son moulin. Si nous cultivions ses terres, nous
» a-t-il dit, à la récolte M. Pelletier prétendrait ne nous rien
» devoir, être au contraire notre créancier ; il s'emparerait de
» notre avoir et nous renverrait dépouillés de tout. Si nous
» allions moudre à son moulin, M. Pelletier nous volerait la
» farine. Ceux qui enfreindraient ses ordres seraient mis à
» l'amende. Le Hakem de Guelma lui avait dit que M. Pelle-
» tier était un homme dangereux dont il fallait se débarras-
» ser. Il fallait faire en sorte de l'éloigner du pays. Ainsi
» isolé, il serait bientôt ruiné ; et lui, caïd, possesseur des
» terres environnant celles de M. Pelletier, il achèterait sa
» propriété à vil prix, et répartirait entre nous la différence
» entre son prix d'acquisition et la valeur réelle. »

Sur mon interpellation, ils déclarèrent être disposés à répéter leurs dires devant l'autorité, mais ne pouvoir se déplacer ensemble sans autorisation. Sur ces entrefaites, un cavalier du caïd partait en toute vitesse pour Guelma, à l'effet d'informer son maître de ce qui se passait à Medjez-Sfa.

Nanti de cette preuve si désirée, je me présentai le lendemain matin chez M. le commandant supérieur de Guelma, et plein de joie, je le priai de vouloir bien prendre jour pour entendre mes témoins. J'avais à peine exposé les circonstances heureuses qui m'avaient mis sur la voie, que M. Ritter me dit d'un ton ferme :

« Savez-vous bien, monsieur, ce que vous avez fait?... En
» appréciez vous toute la gravité?... Vous vous êtes permis
» de réunir des Arabes, et même de nuit... Moi seul ai ce
» droit... Dans mon commandement, je ne tolérerai pas d'au-
» torité rivale, un Etat dans l'Etat... Et ce sont là les témoins
» que vous me proposez d'entendre? je ne le accepte pas...
» Vous êtes une cause d'agitation ! »

A cette apostrophe, je représentai de mon mieux qu'au lieu d'être une puissance et un agitateur, je n'étais qu'une victime ; que je n'avais rien fait d'illégal, et que j'avais lieu de m'étonner d'un accueil si différent de celui de mes premières entrevues. Bref, j'annonçai que je me rendais auprès de M. le général commandant la subdivision ; et je pris congé non sans répéter en moi-même : *quantum mutatus ab illo !*

Je réfléchis à la cause probable de cet accueil, et l'image du cavalier qui m'avait précédé de Medjez-Fa me revint souvent à l'esprit.

M. le général Faidherbe accueillit mes plaintes avec cette dignité et cette bienveillance qu'on lui connait. Mais si prompt qu'eût été mon voyage à Bône, il avait reçu une lettre de M. le commandant Ritter, dans laquelle ma conversation de la veille était entièrement dénaturée. Néanmoins les moyens que j'avais employés pour apprendre la vérité ne lui inspirèrent aucune horreur. Ce qui était un crime à Guelma n'était pas même une faute à Bône : preuve nouvelle qu'en toutes choses il est bon d'avoir deux degrés de juridiction. Je me retirai avec l'assurance que l'enquête aurait lieu, et qu'il ne serait rien négligé pour la manifestation de la vérité et la répression des abus s'il y avait lieu. Le lendemain, en reprenant

2

dans les bureaux du général la liste de mes témoins et les notes prises à Medjez-Sfa, M. le capitaine aide-de-camp me fit l'honneur de me réitérer l'assurance que des ordres pour l'enquête *avaient été* expédiés à Guelma.

De retour à Guelma, je me présentai dans le cabinet de M. le commandant Ritter à l'effet de savoir quand il voudrait bien convoquer les témoins. Il me répondit qu'*il n'avait pas* d'instructions. J'en informai M. le général de Bône . . . . .

Plus de dix jours s'étaient écoulés, quand je reçus avis de M. le capitaine chef du bureau arabe que l'enquête aurait lieu le 17 août à Guelma. M. le capitaine Belot en était chargé.

Il reçut ma plainte, que je signai ; ensuite il me déclara que d'après les instructions qu'il avait reçues de M. le commandant Ritter, l'enquête se poursuivrait hors ma présence. Je crus devoir réclamer auprès de ce dernier au sujet de cette exclusion et exposer les nombreux motifs qui légitimaient mon assistance à l'enquête. A ses yeux, ma présence à l'audition des témoins n'était autre chose que de la suspicion.....

Mes tentatives furent vaines, et l'enquête se poursuivit en secret.

Quand elle fut terminée, je fus mandé de nouveau au bureau arabe, où je trouvai M. le commandant Ritter et tous mes témoins. — « D'après ce que me rapporte M. le capitaine
» Belot, — me dit le commandant supérieur, — *il paraîtrait*
» qu'*il a pu se faire* qu'*on ait tenté* d'éloigner les Arabes de
» votre usine. Vous m'avez demandé protection, je tiens la
» promesse que je vous ai faite, et je vais vous donner pleine
» satisfaction. Devant vous, je vais déclarer aux N'baïls,
» qu'au Nahdor comme ailleurs, on ne doit obéir à aucune
» pression contraire à la liberté du commerce. »

Et cette déclaration leur fut faite sur le champ.

Pauvres colons algériens, suez sang et eau, exposez votre famille, votre santé, votre argent à fonder quelque chose sur ce sol turc qu'on a plaisamment déclaré Français ; et si quelque seigneur de la tente convoite votre bien et trame votre ruine, recueillez-en précieusement la preuve, vous serez vengé par une..... allocution. Et l'autre continuera son œuvre.

Quoique décontenancé, les promesses antérieures du commandant Ritter me revenaient en mémoire : — « Si les griefs » que vous articulez sont établis, je n'attendrai pas les or- » dres des généraux, je frapperai, je briserai sans répit ni » merci !! »

Dans mon état de perplexité, je fis ressortir tant bien que mal que son allocution ne constituait en rien une satisfaction; que depuis longtemps les N'baïls savaient qu'au Nahdor comme ailleurs on ne devait obéir à aucune pression contraire à la liberté du commerce; mais qu'ils y obéiraient par peur, tant que le caïd Ben-Zerguin serait à leur tête; que son immense et indéniable influence serait un danger permanent dont l'issue n'était pas douteuse.

M. le commandant Ritter m'interrompit d'un ton marqué : — « Ah ! c'est la destitution du caïd qu'il vous faut?.... Puis- » que vous vous permettez de supposer qu'après avoir donné » des assurances aux Arabes ils peuvent encore avoir peur du » caïd, je n'ai plus rien à vous dire. » — Je me retirai.

Suit dans le mémoire une correspondance relative à un propos diffamatoire tenu, par un proche du caïd Ben-Zerguin, à l'encontre d'un fonctionnaire militaire, dans le but de détourner mes témoins. Je ne le reproduis pas malgré son intérêt : j'intercale ici la teneur des dépositions recueillies le 17 août par le chef du bureau arabe de Guelma. On m'en avait refusé la communication; mais par suite de réclamations que j'adressai au maréchal gouverneur les 1er et 22 novembre, M. le général Faidherbe m'en fit remettre un procès-verbal le 7 décembre dernier, en me déclarant qu'il l'aurait fait plus tôt, si je lui en avais formulé la demande directe.

A première vue de ce document actuellement versé au procés ; je m'aperçus que ce n'était pas l'original dressé le 17 août, mais que ce n'en était qu'une copie, et une copie incomplète. En effet, ma plainte et la déposition de l'interprète qui m'avait assisté à l'entrevue de Medjez-Sfa, n'y sont pas reproduites. J'en fis la remarque à M. le capitaine chef du bureau arabe de Bône, et pour rendre hommage à la vérité, je dois déclarer ici qu'il m'offrit ici de réclamer à Guelma le complément de l'enquête.

On se rappellera que M. Ritter m'a fait gros grief d'avoir réuni des Arabes dans une chambre d'auberge ; que sous ce prétexte que c'était un acte illicite, il a refusé d'ouvrir l'enquête ; et que M. le général de la subdivision n'a pas partagé sa manière de voir.

Ma déclaration et celle de l'interprète précédant les dépositions des Arabes, relataient cette entrevue comme circonstance toute naturelle : le commandement de Guelma a jugé à propos de les supprimer. Mais, en revanche, les vingt-six témoins ont été soigneusement interpellés sur ce point, et leur réponse uniforme énonce vingt-six fois au procès-verbal comment je les questionnai à Medjez-Sfa. A-t-on voulu laisser à penser que je dissimulais cette circonstance ? S'il m'était resté un doute à cet égard, il eût été dissipé par votre plaidoierie de mardi dernier, cher maître ; en effet, empruntant l'argumentation de M. le commandant Ritter, vous vous êtes complu, du haut de votre dédain, à jeter le ridicule sur des *décla- rations d'Arabes réunis dans une chambre de caba- ret louée par moi!*

Ceci posé, je transcris les dires des témoins, en supprimant ce qui est relatif à la réunion de Medjez-Sfa, qui, je le répète, y figure vingt-six fois.

1er Témoin (1). — El hadj Ahmed ben Mégnaï, kébir aux Ouled-Sidi-Djaballah (N'baïls).

« Quand M. Pelletier a commencé à construire sa maison, le caïd nous a dit, chaque fois qu'il a eu occasion de nous voir, soit à son bordj, soit autre part, de ne pas aller chez cet Européen, de ne pas labourer chez lui, de ne pas le voir, parce que c'était un mauvais homme; qu'il fallait le faire partir, afin qu'il pût acheter l'usine. Il m'a dit la chose deux fois sans témoins, me prescrivant de le répéter aux gens de mon douar: la première fois quand nous avons été travailler le chemin pour le passage du maréchal; le deuxième fois à son bord où j'étais venu pour le service. »

2e témoin. — Si Mohammed ben Ferath, kébir aux Alléga (N'baïls).

« Chaque fois que mon service de kébir m'a appelé près du caïd, soit à son bord, soit au travail des chemins, le caïd, de- puis que M. Pelletier a commencé de construire son moulin, m'a dit seul à seul de ne laisser personne de mon douar mou- dre chez lui, ni labourer, ni être krammès. Il ne m'a donné aucune raison pour expliquer cette défense; mais j'ai pensé qu'il voulait faire partir cet Européen et acheter son terrain qui est enclavé dans ses terres.

(1) Extrait littéral de la copie officielle du procès-verbal d'enquête du 17 août 1866, versée au procès.

3e témoin. — Brahim ben Malek, kébir aux Alléga-Fedj-Falkoun.

« Quand nous avons travaillé aux chemins, le caïd nous a dit, aux kébirs réunis, de ne pas aller moudre chez l'Européen, de ne pas nous associer avec lui, de ne pas le voir. Chaque fois que le caïd m'a rencontré, il m'a dit la même chose, sans me donner la raison que je n'aurais pas osé lui demander. Ce n'est que ces jours derniers que je suis allé chez M. Pelletier. »

4e témoin. — Ahmed Bou-Kehib des Ouled-Sultan (N'baïls).

« Il y a un an et demi, étant allé chez le caïd pour le service, en remplacement de mon frère kébir du douar et qui était malade, le caïd m'a dit, seul a seul, de ne pas aller labourer chez M. Pelletier, ni y moudre, afin de pouvoir acheter le moulin quand le colon aurait fait faillite, comme il avait acheté les autres moulins ; il en a un sur l'Oued-Halia. J'ai répondu que cette défense ne pouvait s'adresser à moi qui avais l'habitude de faire moudre au moulin du caid Ali. »

5e témoin. — Belkacem Bel-Aëmer, des Ouled-Oucif (N'baïls).

« Souvent le caïd m'emploie à porter ses lettres à Guelma ; depuis deux ans il m'a dit souvent : — Ne vas pas moudre chez cet Européen, ne t'associes pas avec lui. — Il ne m'a pas donné de raison et je ne lui en ai pas demandé. Car, pour moi, la défense était inutile. Nous avons peu de grains. Cependant je suis allé une fois chez M. Pelletier en cachette, quand j'ai eu besoin de farine pendant l'automne. »

6e témoin. — Djaballah bel hadj, des Ouled-Sidi-Djaballah (N'baïls).

« Il y a un an et demi, j'étais allé chez le caid pour affaires ; il y avait beaucoup de gens dont les noms m'échappent. Le caid nous a dit : « N'allez pas moudre chez ce meu-
» nier qu'on a chassé de Guelma, comme mauvais homme ;
» ne lui parlez pas, ne l'approchez pas, parce qu'il vous volerait ou vous ferait du mal. Quand il aura fait faillite, ses terres reviendront à nous autres Arabes. »

7e témoin. — Ben Djeddou ben Fodhil des Ouled-Oucif (N'baïls).

« Il y a deux ans, le caïd m'ayant fait apporter du bois à son bordj, m'a dit : « Écoute, mon fils, ne vas pas moudre » chez Pelletier ; ne lui parles pas, il te volerait ; vas plutôt » au moulin de Si-Nbili, sur l'Oued-Rhiba. » — Il y a six mois, quand il m'a fait fait faire sa moisson, il m'a répété la même chose. J'ai alors toujours moulu chez Nbili, et n'ai pas osé aller Pelletier. »

8ᵉ Salah ben Malek d'Alléga-Fedj-Falkoun (N'baïls).

« Il y a deux ans, étant venu faire l'aïd chez le caïd, il m'a dit, seul à seul, de ne pas aller moudre chez Pelletier, parce que tous les meuniers français étaient des voleurs ; de ne pas labourer ni mener mes troupeaux en achâba chez lui ; car il faut qu'il croule et que j'achète, m'a-t-il dit, ses terres, comme j'ai acheté celles des autres. J'ai obéi au caïd, et n'ai osé aller chez Pelletier que dans ces derniers temps. »

Si Amran-Boudhiaf des Ouled-Sultan (N'bails).

« Quand est venu le maréchal, nous travaillions au gué du Boussorah, le caid nous a dit de ne pas fréquenter M. Pelletier, de ne pas moudre chez lui, parce qu'il nous volerait comme tous les meuniers français. L'année dernière et cette année, lorsque je faisais la moisson du caid, il m'a fait la même défense qui me regardait peu, puisque je fais moudre chez le caid Ali. »

10ᵉ témoin. — Si Tahar ben Abderrahmann des Ouled-Sultan (N'bails).

« Depuis deux ans, chaque fois que j'ai été porter du bois ou du fourrage au caid, ou que j'ai été faire sa moisson, il m'a dit, seul à seul, et une fois devant mon kébir Si-Amran : « Mon fils, ne t'approches pas de cet Européen, il vole comme » comme tous les français, et vous entraînera dans des pro- » cès. »

11ᵉ témoin. — Ali-Bouguerra des Alléga (N'baïls).

« Depuis deux ans, chaque fois que j'ai été porter du bois ou du fourrage au caïd, quand il m'a vu, il m'a dit : — « Ne » t'approches pas de cet Européen, il vole comme tous les » Français et vous entraînerait dans des procès. » Cette dé- fense m'importait peu, puisque je fais moudre dans ma tente. »

12ᵉ témoin. — Youssef ben Mabrouk des Alléga (N'baïls).

« Quand j'ai été au bordj du caïd lui porter du bois et du fourrage, il m'a dit plusieurs fois de ne pas aller chez l'Européen, qui nous volerait et nous ferait du tort. Je m'en suis abstenu et ai obéi au caïd que je crains. »

13ᵉ témoin. — Zin ben Ahmed, kébir aux Ouled-Sultan (N'baïls).

« Depuis deux ans, chaque fois que mon service m'appelle chez le caïd, il m'a dit plusieurs fois, seul à seul, ne ne pas laisser moudre chez Pelletier, qui nous volerait ; qu'il fallait le laisser se ruiner, pour que ses terres reviennent aux Arabes. Cela ne me regardait guère, puisque je vais moudre au moulin du caïd Ali.

14ᵉ témoin. — Si-el-Amrouni bel Arbi des Ouled-Djaballah.

« Chaque fois que j'ai été porter du bois au caïd ou fait sa moisson, il m'a dit, quand il m'a rencontré, de ne pas fréquenter Pelletier, qui était un mauvais homme et nous volerait dans la mouture. Cela m'inquiétait peu, puisque je mouds dans ma tente. »

15ᵉ témoin. — Hamza-ben-Djaffrour, kébir aux Chouakha (Nbaïls).

« Quand mon service m'a appelé chez le caïd, il m'a dit plusieurs fois, seul à seul, de ne pas m'approcher de Pelletier et de ne pas moudre chez lui, parce qu'il nous ferait du tort. J'ai obéi, et me suis abstenu d'y aller. »

16ᵉ témoin. — Si Taieb bel hadj, des Ouled-Sultan.

« Plusieurs fois, depuis deux ans, quand le caïd m'a rencontré, il m'a dit, seul à seul, de ne pas aller moudre chez Pelletier, qui était un mauvais homme et nous ferait du tort, et dont les terres nous reviendraient quand il aurait fait faillite. J'ai eu peur de la défense du caïd, et j'ai été moudre dans les autres moulins de la tribu. »

17ᵉ témoin. — Gamouzi bel hadj, kébir aux Ouled-Sliman.

« Quand j'ai été au bordj du caïd pour le service ou lui amener des moissonneurs ou travailleurs, il m'a pris à *part* plusieurs fois, et m'a dit de ne pas aller chez Pelletier, qui était un mauvais homme et nous ferait du tort. J'ai obéi et ai fait moudre dans ma tente. »

18e témoin. — Tolhai bel Asi, kébir aux Ouled-Amran (N'bails).

« Je ne sais rien de cette défense et en ai seulement entendu parler dans la tribu. »

19e témoin. — Amara bel Aiachi, des Ouled-Sliman (N'bails).

« Plusieurs fois, quand je suis venu travailler au bordj du caïd, il m'a dit, ainsi qu'aux gens qui étaient là, et dont je ne me rappelle pas les noms, de ne pas aller moudre chez Pelletier. »

20e témoin. — Si Belgacem ben Salah, kébir des Ouled-Sliman.

« Le caïd ne m'a jamais fait personnellement de défense, et j'en ai seulement entendu parler dans la tribu. »

21e témoin. — Amar ben Djeddou des Alléga (N'bails).

« Plusieurs fois, quand j'ai été chez le caïd lui porter du bois, du dis ou faire la moisson, il m'a dit, seul à seul, de ne pas aller moudre chez Pelletier qui nous volerait. J'ai moulu mon grain dans ma tente, quoique voisin de Pelletier, parce que j'ai eu peur du caïd. »

22e témoin. — Ammar ben Salah, des Ouled-Amran (N'bails).

« L'hiver dernier, au moment des labours, M. Pelletier voulait me confier la garde de ses troupeaux, en me donnant gratis le pacage sur ses terres. Il est venu demander la permission du caïd qui l'a accordée. Une fois parti, le caïd m'a appelé seul, et m'a défendu d'aller chez Pelletier, qui était un méchant homme, me ferait arriver de mauvaises affaires, et me ruinerait par des procès. »

23e témoin. — Belkacem ben Mohammed, des Ouled-Amran.

« Chaque fois que j'ai été chez le caïd et qu'il m'a rencontré seul à son bordj, il m'a dit de ne pas aller chez Pelletier, qui nous ruinerait et nous volerait. »

24e témoin. — Ali ben Mohamed des Ouled-sidi-Djaballah.

« Plusieurs fois le caïd m'a rencontré seul à son bordj, et

m'a dit de ne pas aller moudre chez Pelletier. J'ai obéi, et ai moulu chez moi, dans ma tente. »

25ᵉ témoin. — Ahmed ben Maklouf des Ouled-sidi-Djaballah.

« Plusieurs fois le caïd, m'ayant rencontré seul à seul, m'a dit de ne pas aller moudre chez Pelletier, sans me donner de motifs. J'ai obéi. »

26ᵉ témoin. — Mohammed ben Ammar des Ouled-sidi-Djaballah.

« Deux fois, quand j'ai été au bordj du caïd travailler, il m'a dit, seul à seul, de ne pas aller moudre chez Pelletier, qui nous ferait du tort. J'ai eu peur du caïd, et j'ai obéi. »

Signé : BELOT, capitaine, et GANDOLFE, interprète militaire. »

Voilà les témoignages qui ont amené M. le commandant Ritter à reconnaitre, le 17 août, qu'*il paraissait, qu'il avait pu se faire, qu'on eût tenté* d'éloigner les Arabes de mon usine, et à me donner la *pleine* satisfaction qu'on connait. Vous pourrez, cher maître, battre ces dépositions en brèche, discréditer leur provenance et en contester la valeur, c'est votre mission : mais vous ne persuaderez personne quand vous insinuerez que je les ai dictées et que j'ai tendu un traquenard. Pour qu'un Français, un chrétien, parvint à organiser ainsi le faux témoignage de tant de musulmans, contre leur chef, musulman comme eux, il faudrait avoir l'habileté d'un vieux procureur, cher maître, et la fortune de votre client millionnaire : deux avantages qui me font défaut, hélas !

Comme on le pense bien, je ne fus pas contenté par la prétendue satisfaction donnée par M. Ritter (1).

Le 24 août, j'adressai à M. le général commandant la subdivision le résumé de mes griefs. J'y concluais de la sorte :
« Il ne vous échappera pas que l'influence du caïd se perpé-
» tuera, tant qu'il aura le commandement des tribus qui m'a-
» voisinent. S'il en restait investi, le danger conjuré un ins-
» tant reparaîtrait le lendemain plus menaçant. Je ne sache
» pas qu'aucun agent français coupable de pareils actes puisse
» être conservé à son poste. L'intérêt de ma famille et de mon
» exploitation, que je crois digne d'encouragement et de pro-
» tection, le sentiment du juste et la force des choses, m'im-
» posent de vous demander la destitution du caïd Ben-Zer-
» guin. »

Voici à quoi aboutirent mes diligences et mes doléances :

« Bône, le 2 septembre 1869.

» Monsieur, M. le général de division à qui j'ai transmis, ainsi que je vous l'ai fait connaître par ma lettre du 25 août, toutes les pièces concernant votre réclamation contre le caïd Ben-Zerguin, me répond qu'il « approuve la marche que j'ai
» suivie dans cette affaire. Le commandement ne saurait in-
» tervenir extra-légalement dans une question de dommages-

____

(1) Suite de l'Extrait de mon Mémoire adressé au Maréchal Gouverneur le 30 sept. 1869.

» intérêts, et prendre une décision à laquelle chacune des
» parties serait en droit de se refuser. L'affaire doit être por-
» tée devant les tribunaux compétents, si les parties ne se
» reconcilient pas, car il peut n'y avoir au fond qu'une
» brouille de voisins. »

» Signé : LE GÉNÉRAL FAIDHERBE. »

Oui, je m'adresserai aux tribunaux, puisqu'il le faut. En
recevant cette notification, j'ai pris mes premières dispositions à cet effet. Mais est-ce là un remède à ma situation ?
Non assurément.

C'est pourquoi dans l'amertume de mon âme, sous l'immi-
nence de la ruine, je proteste contre une pareille solution.
Quoi ! sous une administration française, un agent indigène,
par son investiture relevant de l'autorité militaire, usera de
son influence de fonctionnaire, dans un but avéré de lucre et
de cupidité, pour entraver le libre exercice d'une industrie
française ; et il n'y aura dans ces agissements qu'une *brouille
de voisins* du ressort des tribunaux, et on n'y découvrira pas
un *fait de fonctions* à réprimer administrativement !

Il est donc bien établi que c'est l'autorité militaire qui m'a renvoyé aux tribunaux, pour n'avoir
pas à sévir contre son agent le caïd Ben-Zerguin.
Pour effacer jusqu'au dernier doute sur le pré-
tendu traquenard, il me reste à démontrer que je
ne voulais pas plaider.

A la date des 21 et 31 août, j'écrivais à M. le
général commandant la subdivision :

« ... J'ai fait choix de la voie hiérarchique pour avoir raison de mon ennemi... A côté de la répression administrative,
je réclame de votre haute justice la réparation du préjudice

qu'il m'a causé...Vous jugerez à propos, monsieur le général, de provoquer une expertise contradictoire qui déterminera l'étendue du préjudice que j'ai souffert et la quotité de l'indemnité qui m'est due. — Vous m'avez donné le conseil, monsieur le général, de m'adresser aux tribunaux pour obtenir réparation. Je savais dès l'abord que cette voie m'était ouverte. Par répugnance pour le bruit et le scandale, j'avais préféré saisir le commandement de mes griefs. Il me semblait que je trouverais dans l'autorité militaire l'appui, la protection et la sécurité. D'ailleurs, on m'avait fait pressentir de bienveillantes dispositions et l'emploi de mesures énergiques si je faisais la preuve de mes allégations. J'optai pour cette voie sans hésiter. J'ai été officier ministériel pendant quinze ans, j'ai horreur des procès; je me suis retiré du monde, j'ai horreur des tréteaux..... »

Il est donc bien évident, je le répète, que je ne voulais ni procès ni scandale, et que j'acceptais l'arbitrage de l'administration : c'était au moins de la déférence; libre à vous, cher maître, de stigmatiser mes démarches du nom de traquenard. L'opinion publique jugera.

Le renvoi aux tribunaux de M. le général de division ne me convenait pas plus que la *satisfaction* de M. Ritter. J'adressai au maréchal gouverneur le mémoire dont extraits précédent. Par sa dépêche du 4 novembre 1869, n° 693, Son Excellence m'informa :

« ... Qu'après réception de mon mémoire du 30 septembre, elle avait dû demander au général de division à Constantine des explications sur les faits qui y sont relatés; qu'il résulte de ces explications que j'ai assigné le caïd Ben-Zerguin en paiement de dommages-intérêts ; et qu'elle attendra le jugement du tribunal de Bône pour ordonner, s'il y a lieu, une enquête administrative sur les faits reprochés au caïd du Nadhor. »

Malgré le respect que m'inspire une décision prise par M. le Maréchal gouverneur, je n'ai pu me défendre de faire remarquer ce qui m'y paraissait illogique. Ou ma raison m'abuse fort, ou il y a contradiction flagrante entre les motifs qui ont déterminé le rejet de ma plainte en septembre dernier, et le rejet de conclusions de mon mémoire en novembre. En effet, le caïd n'est pas recherché d'abord, *parce qu'il faut que je m'adresse aux tribunaux;* et ensuite *parce que j'ai saisi le tribunal de Bône.*

Autre remarque : M. le maréchal gouverneur ordonnera, s'il y a lieu, après la sentence du tribunal, une enquête administrative sur les faits reprochés au caïd Ben-Zerguin ; évidemment, alors, le Gouverneur ignore qu'une enquête a été édifiée. Si incomplète qu'elle soit, elle est accablante. N'aurait-elle pas passé sous vos yeux ?

Contradictions,... ténèbres !

Qu'il me soit objecté que l'enquête ne relève aucune charge contre Ben-Zerguin ; qu'il n'est pas coupable ; que je me trompe ; que mes allégations sont calomnieuses, dictées par la haine ; ou que le caïd a bien fait d'organiser ma ruine à son profit : ce sera clair, ce sera logique. Mais qu'on ne m'éconduise pas à l'aide d'une organisation entachée de contradiction.

Entre temps, les projets du caïd sont servis à souhait. L'impunité le couvrant, il n'est pas de vexations, de persécutions auxquelles ne soient exposés les témoins entendus à ma requête le 17 août. La terreur a repris tout son empire, et le chômage de mon usine s'accentue plus que jamais. Dans une période de vingt-deux jours, où les moins timorés d'entre les N'baïls, comptant sur l'effet de leurs plaintes, paraissaient s'être affranchis de l'interdit jeté sur mon industrie, la moyenne quotidienne du rendement des moutures, dû aux seuls N'baïls, dépassa cent quinze kilogrammes de grains, représentant une recette de six à sept cents francs par mois. Depuis la recrudescence de la peur, cette moyenne est descendue subitement à douze kilogrammes par jour ; et depuis trois mois, *je ne mets pas en marche une fois par semaine pour les N'baïls.*

On n'arriverait pas mieux à ses fins, si le but était prémédité.

Si longue que soit la série de mes *Tribulations,* vous me permettrez, cher maître, de ne pas taire un dernier épisore, que je recommande à votre attention, vous qui avez le flair des traquenards. Je l'emprunte à la lettre que j'ai adressée à M. le procureur impérial de Bône le 1er décembre courant.

« ... Du moment que les recherches sur la conduite de Ben-Zerguin sont subordonnées à la solution de l'instance civile, ce dernier ne néglige rien pour faire échouer mes poursuites. Il a organisé un vaste système de séductions, intimidations et menaces à mes témoins. C'est l'objet de deux lettres que j'ai adressées au Maréchal les 1er et 21 novembre dernier. — Ces pratiques, paraît-il, n'ont pas suffi, et après avoir usé tous moyens et persécutions sur mes témoins, mes adversaires ont cherché à m'atteindre personnellement. Voici les faits.

Il y a trois mois, un nommé Ali ben Touami, que je sus depuis être un agent de Ben-Zerguin, forma avec moi une association ayant pour objet le commerce et l'élève des bestiaux. De mon côté, je fournissais la terre et le bétail ; du sien, il subvenait à la garde, aux soins à donner, etc., et il était responsable des animaux. Sa rémunération consistait dans le tiers des bénéfices, selon l'usage. Pour ma garantie, il devait établir, et avait établi chez moi sa tente, ses bœufs et ses moutons, avec droit de dépaissance gratuite.

Je ne tardai pas à m'apercevoir qu'Ali ben Touami ne tenait aucune de ses obligations. Ses absences fréquentes et ses rapports avec Ben-Zerguin me le rendirent suspect. Tout allait au rebours de mes intérêts. Mes bêtes mal conduites dépérissaient. Une vache et un veau moururent sans soins et sans que je fusse avisé de leur maladie. Une autre vache fut estropiée à coups de pierres. Maintes autres causes démontrèrent que notre association ne pouvait se prolonger. Il le comprit, et pour ne pas me rembourser ce qu'il pouvait me devoir, il commença son déménagement. Il enleva furtivement sa tente, et s'installa sous un gourbi. Il fit disparaître aussi furtivement, et en prétendant les avoir vendus, ses moutons, puis ses bœufs et vaches. Informé de cette dernière distraction, samedi matin 27 novembre, j'entrai dans le gourbi, accompagné de deux de mes ouvriers, pour vérifier ce qui s'y trouvait. Ali n'y était pas. Sa femme sortit en disant qu'elle avait peur, et se retira dans un gourbi voisin. Examen fait avec mes deux ouvriers, je m'aperçus que tout ce qui restait ne valait pas vingt-cinq francs. Je me retirai en recommandant à mes trois bûcherons, dont le gourbi est à trente pas, de s'opposer à tout nouveau déplacement, jusqu'à ce qu'Ali ben Touami eut réglé avec moi.

Ali rentra dans la journée et repartit aussitôt pour aller concerter son plan avec celui dont il est l'agent. Il ne reparut que le dimanche matin. Je lui enjoignis de rétablir ce qu'il avait distrait au mépris de nos conventions, et je lui dis que, toutes choses en état, nous règlerions. Pour ne pas ramener tente et bêtes, il me proposa une caution. J'acceptai. Il partit pour me l'amener, mais n'en trouva pas. A midi, il s'absenta de nouveau; je ne le revis plus. Jusque-là, c'est-à-dire trente heures après ma visite au gourbi, il n'était pas question de coups portés à sa femme, qui, du reste, vaqua à ses occupations comme de coutume.

Hier mardi, on vint m'avertir que M. le juge de paix de Guelma, un médecin, un interprète et deux gendarmes avaient mis pied à terre à mon parc aux bestiaux. M. le juge de paix me donna lecture d'une plainte formulée contre moi par Ali, dont les détails malicieusement coordonnés ne me parurent pas de sa seule provenance.

D'un bout à l'autre, c'est un odieux tissu de mensonges. Après avoir élevé cette prétention que les bœufs que j'ai achetés à Souk-Ahras ont été payés de ses propres deniers, il m'accuse d'avoir tué son mulet et d'avoir fait avorter sa femme à coups de pied dans le ventre, etc., etc. Rien de plus aisé pour moi que de détruire ces imputations ridicules. L'hilarité des Arabes du pays en a promptement fait justice. Pas un ne s'est mépris sur le but de cette manifestation et sur ses auteurs.

Dans cette manifestation, chacun a servi ses passions et ses intérêts.

— Ali ben Touami y a vu le moyen d'achever son déménagement sans régler avec moi. *Aussi pendant l'information se hâtait-il d'enlever ses hardes.* Je m'y suis opposé, et M. le juge de paix lui a fait signifier par l'interprète que sa présence ne l'autorisait nullement à effectuer le déplacement de son mobilier.

— Ben-Zerguin a compté sur l'effet qu'une descente de justice produirait sur mes témoins. Ce qui le prouve, c'est que ses guides ont fait prendre à M. le juge de paix , qui ne connait pas le pays , *la route du Nadhor pour passer dans les N'baïls :* route mauvaise qui allonge le chemin de près de deux heures et où ce magistrat a été obligé d'abandonner sa voiture, pour prendre des montures *préparées par le caïd.* Tandis que la route directe de Duvivier, plus courte et meilleure, aurait permis à la voiture d'arriver jusqu'à ma ferme. Mais les N'baïls n'auraient pas aperçu le cortége.

— Le bureau arabe n'a pas eu de repos qu'il n'eût obtenu de M. le juge de paix qu'il effectuât son transport. Un simple renseignement préalable de la gendarmerie de Duvivier le lui eût sans doute épargné. L'ardeur avec laquelle MM. les administrateurs militaires ont accueilli la plainte et en ont saisi M. le juge de paix peut donner la mesure de leurs dispositions vis-à-vis de l'adversaire de leur protégé ; adversaire gênant qui sait ce qui se passe en territoire arabe, l'a signalé et le signalera encore. Leur empressement a été tel qu'ils ont laissé ignorer à M. le juge de paix de Guelma qu'en venant chez moi *il sortirait des limites de son canton*, pour empiéter sur celui de M. le juge de paix de Souk-Ahras... La limite du territoire *arch* ou militaire a été tracée dernièrement, le bureau arabe de Guelma ne peut prétexter ignorance...

Il est pour moi manifeste, et il ne vous échappera pas, monsieur le Procureur impérial, qu'Ali ben Touami, spontanément, méchamment et avec intention de nuire, a dénoncé à un officier de police judiciaire des faits graves qu'il savait être calomnieux. Je dépose plainte contre lui en dénonciation calomnieuse..... »

Et nunc erudimini.

Des juges, je demande des juges !

Et vous qui disposez du pouvoir, qui d'un trait de plume faites les caïds et toute la cohorte de nos oppresseurs ; vous qui n'avez jamais songé peut-être à la lutte inégale du droit contre la force, de la justice contre le système ; qui n'avez jamais compté nos combats de tous les jours, nos souffrances de toutes les heures ; qui passez indifférent aux tortures d'une population intrépide, laborieuse et tenace, — ne venez plus nous dire que vous appelez en vain des bras, que les colons sont sourds à votre appel.

Dbidib, près Duvivier, le 15 décembre 1869.

Henri PELLETIER.

www.ingramcontent.com/pod-product-compliance
Lightning Source LLC
Chambersburg PA
CBHW051745050726
47598CB00003B/1336